Anja Ritterhoff

Hier dreht sich was!

Themenketten – bunt und plastisch

frechverlag

Dschungel-Combo

(Abbildung Seite 3)

Tonkarton in Gelb, Beige, Grün, Blau, Rot, Hell- und Dunkelbraun
Tonpapier in Blau, Grün und Gelb
Wackelaugen
Satinband in Blau
Perlen in Rot

Ordnen Sie die Affenkörper so auf dem Tisch an, wie sie später untereinander hängen sollen. Dann legen Sie das Satinband auf die Tiere. Zwischen den einzelnen Äffchen fädeln Sie drei Perlen auf, die jeweils mit einem Knoten fixiert werden. Befestigen Sie das Band, indem Sie die Hosen darüber kleben.
Nun werden die Gesichter der Musikanten gestaltet. Die Schnauze mit der Nasenspitze und die Wackelaugen platzieren. Den Kopf auf den Rumpf kleben.
Für jede Ziehharmonika eine Hexentreppe aus Tonpapier falten (Anleitung Seite 10) und zwischen die Affenhände kleben.
Zum Schluss bekommt jede Hose von vorn noch eine kleine rote Tasche. Von hinten ergänzen Sie das zweite Hosenteil und den Schwanz jedes Äffchens.

Fotos: frechverlag GmbH + Co. Druck KG, 70499 Stuttgart;
Fotostudio Ullrich & Co., Renningen

Dieses Buch enthält:
2 Vorlagenbogen

Auflage: 5. 4. 3. 2. 1. | Letzte Zahlen
Jahr: 2003 2002 2001 2000 1999 | maßgebend

frechverlag GmbH + Co. Druck KG, 70499 Stuttgart

ISBN 3-7724-2536-4 · Best.-Nr. 2536

Druck: frechverlag GmbH + Co. Druck KG, 70499 Stuttgart

Hier dreht sich was!

Hui, links herum und rechts herum drehen sich die bunten Themenketten. Mit Holzteilen, Bändchen, Wabenpapier und weiteren Accessoires hübsch geschmückt, bringen sie Schwung in jedes Kinderzimmer.
Vergnügt drehen sich die Miezekätzchen über Maries Bett, während die Äffchen in Philipps Ecke die neuesten Dschungelhits spielen. Katharina hat die kleinen Raben ins Herz geschlossen und Alexander fährt auf die Raketen ab.
Und worauf stehen Sie und Ihre Kinder? Wenn Sie schnell auswählen und loslegen, dann dreht sich auch bei Ihnen bald schon alles um diese fröhlichen Ketten.

Viel Spaß dabei wünscht Ihre

Anja Ritterhoff

Material & Werkzeug

Tonkarton in verschiedenen Farben
Transparentpapier
Dünner Karton für Schablonen
Alleskleber (z. B. UHU)
Bleistift
Filzstifte in Schwarz und Hellblau
Schere
Cutter (Bastelmesser) und Schneideunterlage
Bürolocher
Nähgarn in Weiß
Nähnadel oder evtl. Nähmaschine

Weitere Materialien, die nur für einzelne Motive benötigt werden, finden Sie in den jeweiligen Materiallisten. Bei einigen Modellen wird Vario-Karton verwendet. Alternativ können Sie auch gemusterten Tonkarton in den entsprechenden Farben benutzen.

Tipp
Wenn Sie Fotokarton statt Tonkarton verwenden, werden Ihre Modelle stabiler. Denken Sie aber daran, dass sich Fotokarton nicht ganz so leicht ausschneiden lässt.

So entsteht eine Themenkette

1. Nachdem Sie Ihr gewünschtes Modell ausgewählt haben, pausen Sie die Motivteile mit Hilfe von Transparentpapier und einem Bleistift vom Vorlagenbogen ab. Dabei dürfen sich die einzelnen Teile nicht überschneiden. Das Transparentpapier kleben Sie auf eine dünne Pappe. Dann schneiden Sie die Motivteile aus. Dies sind Ihre Schablonen.

Tipp
Sie können auch Übertragungs- oder Kohlepapier zwischen die Vorlage und das Material legen und so die Motivteile direkt übertragen.

2. Legen Sie die Schablonen auf das benötigte Material und umfahren Sie sie mit einem Bleistift. Anschließend schneiden Sie die Teile aus.

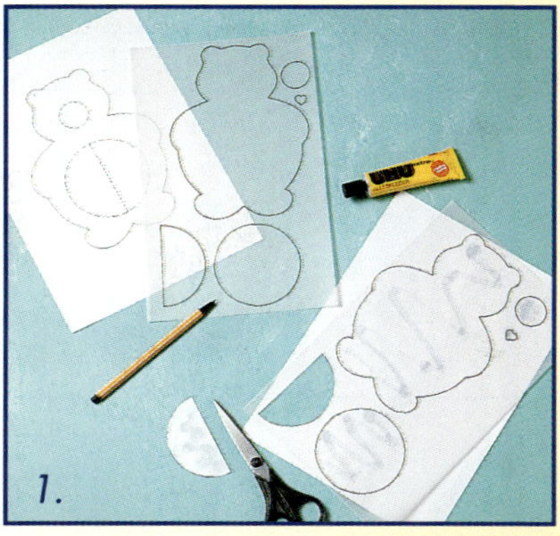

1.

2.

3. Nun bemalen Sie ggf. die einzelnen Motivteile und fügen sie gemäß Foto und Anleitung zusammen. Bei einigen Modellen werden Holzteile oder Schleifen mit eingearbeitet. Da es sich um Ketten handelt, müssen Sie bei vielen Modellen darauf achten, dass Sie die Bänder oder Fäden zum Aufhängen schon zu Beginn mit in die Motive einkleben.

3.

4. Die einzelnen Teile der Kette werden entweder zusammengeklebt, zusammengenäht oder zusammengesteckt. Dann werden die fertigen Teile untereinander gehängt. Die Ketten wirken besonders plastisch, wenn Sie sie von beiden Seiten basteln.

4.

Herstellung der Augen

Mit Hilfe eines Bleistifts und einer Schablone die Augen auf weißen Karton übertragen.
Einen großen und einen kleinen Kreis in das Auge malen.
Die innere Fläche mit schwarzem Filzstift ausmalen, dabei den Glanzpunkt weiß lassen.
Zum Schluss das Auge teilweise mit hellblauem Filzstift umrahmen und ausschneiden. Die Augen auf das gewünschte Motiv kleben.

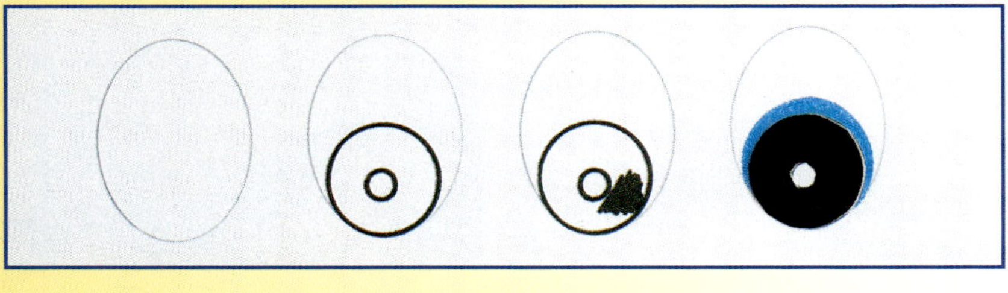

Genähte Ketten

Für jedes zu nähende Motiv benötigen Sie das entsprechende Motivteil zwei- oder dreimal (Angabe in der Beschreibung der jeweiligen Kette).
Als erstes schneiden Sie die Motivteile aus. Legen Sie sie deckungsgleich aufeinander (ggf. Satinband oder Schirmgriff zwischen die Teile legen). Nähen Sie sie mit einer geraden Naht in der Mitte (gestrichelte Linie) zusammen. Am besten verwenden Sie dafür eine Nähmaschine.
Arbeiten Sie die Ketten immer von oben nach unten. Oben lassen Sie ein Stückchen Faden als Aufhängung überstehen. Nähen Sie das obere Motiv zusammen, lassen Sie ein Stück Faden hängen, dann folgt das zweite Kettenmotiv usw. So können Sie die Kette beliebig lang gestalten. Zum Schluss werden die Motivteile aufgefaltet.

Tipp
Kleinere Motive können Sie auch zusammentackern. Das geht schneller, sieht aber nicht so schön aus. Setzen Sie Tackerklammer neben Tackerklammer.

Tulpenblüte

Tonkarton in Weiß, Rot und Blau
Holzperlen in Weiß, Rot und Blau
Satinband in Rot und Blau
Nähgarn in passender Farbe

Zuerst fertigen Sie die Tulpen an. Pro Blüte benötigen Sie zwei Tulpenteile. Nun knicken Sie ein Tulpenteil in der Mitte, legen das Satinband um den Falz zwischen die beiden Teile und nähen diese mit einer Nadel bzw. der Nähmaschine zusammen.
Fädeln Sie zuerst drei Holzperlen auf das Satinband und setzen Sie einen Knoten unter die Perlen, bevor Sie die nächste Tulpe nähen.

Luftballons

Tonkarton in Blau
Streifenkarton in Weiß-Blau
Holzherzen in Rot
Satinband in Rot
Nähgarn in Weiß

Jeder Ballon wird dreimal zugeschnitten. Nun werden die Ballons in der Mitte zusammengenäht (Anleitung Seite 6) und mit einer roten Satinschleife geschmückt. Befestigen Sie die Luftballons untereinander. Auf den mittleren kleben Sie kleine rote Herzen. Dann falten Sie die Luftballons auf.

Quak, quak!

Tonkarton in Gelb, Weiß, Hellblau und Dunkelblau
Karokarton in Gelb
Wackelaugen

Zunächst die drei kleinen Enten fertigen: Den Entenkörper doppelt ausschneiden. Den Schnabel, die dunkelblaue Welle und den Aufhängefaden zwischen die beiden Körperteile kleben. Die Flügel an beiden Seiten anbringen, die hellblaue Welle von unten auf die dunkelblaue Welle schieben und mit etwas Klebstoff fixieren. Die Wackelaugen aufkleben.

Hexentreppen

So werden Hexentreppen gebastelt:

Zuerst schneiden Sie zwei gleich breite und gleich lange Streifen Tonkarton zu.
Diese kleben Sie im rechten Winkel bündig übereinander.
Nun wird abwechselnd ein Streifen über den anderen gefaltet.
Wenn Sie den ganzen Streifen aufgefaltet haben, befestigen Sie die Enden mit Klebstoff aufeinander. Jetzt ist die Hexentreppe fertig.

Feinschmecker

Tonkarton in Gelb, Rot, Grün und Schwarz
Wackelaugen

Das Obst ausschneiden und mit einem Cutter die Löcher heraustrennen. Achten Sie dabei auf eine geeignete Schneideunterlage. Die schwarzen Teile anbringen und das Obst untereinander hängen.

Nun die Hexentreppen-Raupen basteln. Die Streifen sind 2 cm breit und 32,5 cm lang.
Auf den Kopf den Mund malen, die Nase und die Wackelaugen aufkleben. Den Kopf auf ein Hexentreppenende kleben. Dann setzen Sie die fertigen Raupen in das Obst.

Kleine Langohren

Tonkarton in Weiß, Braun, Blau, Rot, Gelb und Schwarz
Filzstift in Rot
Buntstift in Braun
Pluster-Pen oder Lackstift in Weiß

Die Hasen werden zuerst bemalt. Während die braunen Mümmelmänner munter herumblicken, schläft der weiße Hase.
Auf die Nase jeweils einen Lichtpunkt mit dem Pluster-Pen setzen.
Jedes Ei zweimal zuschneiden. Die Eier zusammennähen (Anleitung Seite 6) und in die Hasenbäuche hängen. Nun können Sie die Hasen zu einer Kette zusammenfügen.

Eulenkinder

Tonkarton in Weiß, Beige, Gelb, Rot und Braun
Pünktchenkarton in Weiß-Grün und Grün-Weiß
Satinband in Rot

Die gepunktete Kleidung auf die Eulenkörper setzen und den Kopf ankleben. Das helle Gesichtsteil anbringen und mit Augen und Schnabel verzieren.
Die Füße von hinten an die Eulen kleben und das zweite Kleidungsstück von hinten befestigen.
Die Kleider der Eulenmädchen auf der Vorderseite mit einem Herz schmücken. Die Eulenkinder untereinander befestigen. Zum Schluss bekommt jede Eule ihre Schleifen.

Ketten mit Wabenpapier

Die Schablonen für das Wabenpapier so auf das Material legen, wie auf Foto 2, Seite 4, ersichtlich. Die gestrichelte Kante liegt außen, im rechten Winkel zu den Klebenähten des Wabenpapiers. So kann das Wabenpapier später aufgeklappt werden.

Vor dem Aufkleben auf das Motiv sollten Sie das ausgeschnittene Wabenpapierteil an der geraden Kante mit Klebstoff verstärken. Eine Seite des Wabenpapiers mit Klebstoff bestreichen und auf das Motiv kleben. Nun die andere Seite bestreichen, das Papier auffächern, zur anderen Seite ziehen und festkleben.

Raupen unterwegs

Tonkarton in Gelb, Grün, Rot und Blau
Wabenpapier in Gelb, Rot und Blau
Wackelaugen
Motivlocher „Herz"

Zunächst die Gesichter der Raupen gestalten: Den Mund und evtl. Pünktchen aufmalen. Die Herznase mit dem Motivlocher ausstanzen und gemeinsam mit den Augen auf dem Kopf platzieren.

Den Kopf auf den Körper kleben und die Beine und Fühler von hinten ergänzen. Das zweite Körperteil von hinten befestigen. Nun bekommt die Raupe ihre Wabenpapierkugeln (Anleitung siehe oben), erst auf der Vorder- und danach auf der Rückseite. Dann können die Tiere untereinander gehängt werden.

Stachelige Freunde

Tonkarton in Orange, Hellgrün, Dunkelgrün, Hellbraun, Dunkelbraun und Schwarz
Wackelaugen

Alle Igelteile werden doppelt ausgeschnitten. In den dunkelbraunen Körper werden mit einem Cutter die Stacheln eingeritzt (Schneideunterlage nicht vergessen!) und aufgeklappt.
Den Igel zusammensetzen und die Wiese zwischen die Körperteile kleben.
Die Nase, den Wangenfleck und das Auge auf beiden Seiten ergänzen. Das zweite Wiesenteil von unten aufstecken und mit Klebstoff fixieren, damit es nicht herausfällt. Die Igel untereinander anbringen.

Waben-Bärchen

Tonkarton in Hellbraun, Dunkelbraun, Beige und Rot
Wabenpapier in Braun und Gelb
Wackelaugen
Filzstift in Rot
Buntstifte in Braun und Beige
Motivlocher „Herz"

Die Bären bekommen eine beigefarbene Schnauze mit einer Herznase, die mit dem Motivlocher ausgestanzt wird.
Die Wackelaugen anbringen und die Köpfe bemalen. Die Bäuche werden aus Wabenpapier angefertigt und aufgesetzt (Anleitung Seite 14).
Nun die Bären untereinander hängen.

Miezekätzchen

Tonkarton in Grau, Weiß und Schwarz
Karokarton in Rot-Schwarz
Bunte Wackelaugen

Auf dem Kopf werden die Wackelaugen und die Nase platziert. Nun das Gesicht aufmalen.
Zwei Kätzchen eine Hose anziehen (ein Hosenteil von vorn und eines von hinten befestigen), dem dritten Kätzchen einen weißen Bauch aufkleben.
Anschließend den Kopf, die Innenohren, die Arme und Beine anbringen. Den Katzenschwanz auseinander ziehen und von hinten am Körper befestigen.
Die Katzen zu einer Kette zusammenfügen.

Achtung, wir kommen!

Tonkarton in Gelb, Blau, Rot, Grau und Schwarz
Buntstift in Grau
Pluster-Pen oder Lackstift in Weiß

Zuerst fertigen Sie die Sonnenschirme (Anleitung Seite 6). Diese werden mit dem innen liegenden Griff zusammengenäht. Die Schirme bekommen kleine Tonkartonpunkte, die mit dem Bürolocher ausgestanzt werden, als Dekoration.
Die Köpfe bemalen. Mit dem Pluster-Pen Glanzpunkte auf die Augen tupfen. Die Mäuse zusammensetzen und fertig bemalen, an den Schirmen fixieren und als Kette untereinander hängen.

Mit langen Armen

Tonkarton in Weiß, Orange und Grün
Pünktchenkarton in verschiedenen Farben
Pompons in Grün
Filzstift in Rot

Zuerst die Augen herstellen. Diese mit der Pomponnase und den Wangenpunkten auf dem Kopf fixieren, den Mund aufmalen. Die Fangarme aus dem gepunkteten Karton zuschneiden, aufeinander kleben und von hinten am Kopf befestigen. Den Hinterkopf anbringen. Besonders hübsch sieht es aus, wenn Sie z. B. einmal rot-blauen und einmal blau-roten Pünktchenkarton verwenden. Alle Kraken zu einer Kette zusammenfügen.

Familie Pinguin

Tonkarton in Schwarz, Gelb, Orange, Rot und Grün
Wabenpapier in Weiß
Regenbogen-Wabenpapier
Wackelaugen
Nähgarn in Schwarz

Alle Pinguine bekommen Wackelaugen, einen gelben Schnabel mit aufgemalten Punkten und einen weißen Wabenpapierbauch (Anleitung Seite 14).

Befestigen Sie die Füße von Mama und Papa Pinguin von hinten am Körper. Der kleine Pinguin erhält seine Füße von vorn. Außerdem bekommt er noch einen Wangenpunkt, ein rotes Schnabelteil, eine gelb-grüne Mütze und einen Ball aus Wabenpapier. Dann die Pinguine untereinander hängen.

Geisterstunde

(Abbildung Seite 24)

Tonkarton in Weiß, Rot, Braun und Schwarz
Wabenpapier in Weiß, Braun und Schwarz
Wackelaugen
Pompons in Grün
Pfeifenputzer in Schwarz
Pluster-Pen oder Lackstift in Weiß
Nähgarn in Schwarz

Die Fledermaus bekommt zwei Wackelaugen und eine rote Nase. Die Innenohren und den Mund einzeichnen. Die Flügel bemalen und den Bauch mit Wabenpapier bekleben (Anleitung Seite 14). Das Gesicht des Gespensts aufmalen und die Nase aufkleben. Auf die Nase einen Lichtpunkt mit dem Pluster-Pen setzen. Der Körper wird auf Vorder- und Rückseite jeweils mit zwei Wabenpapierhälften beklebt.
Für die Spinne vier ca. 15 cm lange Pfeifenputzer zu Beinen biegen (Vorlage siehe Bogen) und von unten an den Körper kleben. Das Wabenpapier und die Pomponaugen fixieren.

Manege frei!

Regenbogenkarton
Satinband in Gelb, Rot,
Blau und Grün

Diese farbenfrohen Clowns sind besonders schnell herzustellen. Pro Clown werden zwei Teile ausgeschnitten und zusammengesteckt. An einem Faden werden die lustigen Gesellen untereinander gehängt. Der untere Clown wird noch mit Satinbändchen geschmückt.

Ab ins Weltall!

Tonkarton in Blau, Rot und Grün
Regenbogen-Wabenpapier
Regenbogen-Seidenpapier

Für das Feuer der Raketen ein Stück Regenbogen-Seidenpapier (ca. 8 cm x 5 cm) mehrfach einschneiden und auf das Raketenende kleben. Das kleine Tonkartonteil als Raketenende darauf fixieren. Das Regenbogen-Wabenpapier von beiden Seiten auf dem Raketenkörper befestigen (Anleitung Seite 14) und die Raketen untereinander hängen.

Kleine Künstler

Tonkarton in Schwarz,
Weiß und Gelb
Regenbogen-Wabenpapier
Nähgarn in Schwarz

Beginnen Sie mit den Raben. Die Beine von hinten anfügen, die Schwanzfedern von vorn anbringen. Nun den Kopf auf den Körper kleben und die bemalten Augen und den Schnabel fixieren. Die Punkte auf dem Schnabel einzeichnen. Am unteren Flügel wird ein Wabenpapier-Ball angebracht (Anleitung Seite 14). Die Raben untereinander hängen.

Viel Glück!

Tonkarton in Gelb, Grün und Blau
Satinband in Blau
Holz-Marienkäfer

Die blauen Quadrate doppelt ausschneiden und mit dem Satinband verbinden. Auf die Ränder die gelben Verzierungen setzen. In die Mitte der Quadrate die Blätter hängen. Einen Holzkäfer aufsetzen.

Träum schön!

Tonkarton in Blau, Gelb und Orange
Satinband in Gelb
Holzperlen in Blau
Feder in Blau
Motivlocher „Herz"

Jedes Herz doppelt ausschneiden. Die Kette entsteht, indem das Satinband jeweils zwischen zwei Herzen befestigt wird. Vor dem Zusammenkleben die Perlen auffädeln und unter jede Perle einen Knoten setzen. Die kleinen Herzen aus Tonkarton ausstanzen und aufkleben. Das Küken bemalen, Schnabel und Feder aufkleben und in die Mitte hängen.

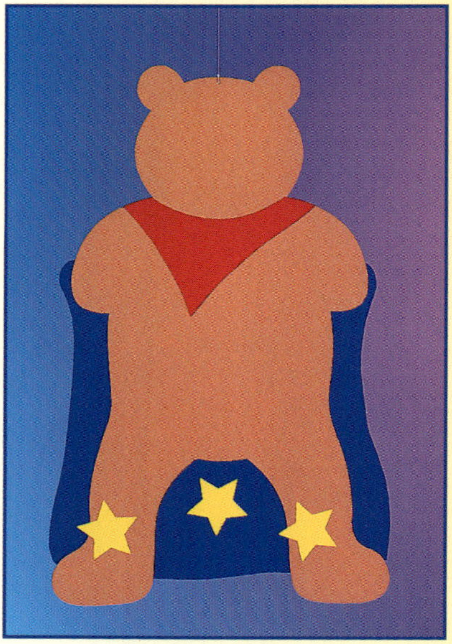

Sternschnuppen

Tonkarton in Gelb, Braun, Weiß, Rot, Blau und Schwarz
Buntstift in Braun

Der Mondbär bekommt auf beiden Seiten sein Halstuch aufgeklebt. Dann den Kopf aufsetzen und das Gesicht gestalten. Den Sternensack ankleben und die Sterne von beiden Seiten auf dem Sack bzw. den Beinen platzieren. Die übrigen Sterne werden genäht (Anleitung Seite 6) und am Schluss mit dem Mond und dem Bären zu einer Kette zusammengefügt. Nun kann der Mondbär den Sack ausschütteln, damit viele Sternschnuppen auf die Erde fallen ...

Gute Nacht!

Tonkarton in Gelb, Rot und Blau
Wackelaugen mit gelben Wimpern
Nähgarn in Blau
Motivlocher „Kleiner Stern" und „Großer Stern"

Nachdem Sie die blauen Sterne zusammengenäht haben (Anleitung Seite 6), verzieren Sie diese mit den gelben Sternchen. Jeder Mond bekommt eine rote Mütze und ein lustiges Wackelauge. Der Mund wird aufgemalt. Denken Sie daran, den Mond von beiden Seiten zu gestalten.